CARTAS A UN JOVEN POETA

Rainer María Rilke

CARTAS A UN JOVEN POETA

Nueva traducción al español

EDITORIAL
LETRA MINÚSCULA

Segunda edición: mayo 2024
ISBN: 978-84-10245-84-6

Traducción, introducción y notas de Sebastián Bermejo
Editado por Editorial Letra Minúscula
www.letraminuscula.com
contacto@letraminuscula.com

ÍNDICE

PRÓLOGO

Cartas a un joven poeta es una obra profundamente conmovedora y atemporal que consiste en una serie de cartas escritas por Rainer María Rilke a Franz Xaver Kappus, un joven aspirante a poeta. Estas cartas no solo ofrecen consejos literarios y personales, sino que también profundizan en temas filosóficos y existenciales que resuenan con lectores de todas las épocas. La relevancia de estas cartas radica en su capacidad para trascender el tiempo y el espacio, ofreciendo reflexiones universales sobre la vida, el arte y la búsqueda de la autenticidad.

Rilke escribió estas cartas entre 1902 y 1908, un periodo de gran actividad creativa y personal para el poeta. Este contexto histórico es fundamental para entender la profundidad y la sensibilidad de sus palabras. Durante estos años, Rilke estaba inmerso en la escritura de algunas de sus obras más importantes y se encontraba en un constante proceso de autoexploración y crecimiento espiritual. Sus experiencias personales y su evolución como escritor se reflejan claramente en las cartas, proporcionando un marco único para comprender su visión del mundo.

El valor de *Cartas a un joven poeta* no reside únicamente en los consejos específicos sobre la escritura y el arte, sino también en las reflexiones más amplias sobre la vida y la existencia. Rilke aborda temas como la soledad, la introspección, el amor y el miedo, ofreciendo una guía no solo para poetas, sino para cualquier persona en busca de una comprensión más profunda de sí misma y del mundo que la rodea.

Estas cartas han influenciado a innumerables lectores y escritores a lo largo de los años, convirtiéndose en una obra de referencia en el ámbito de la literatura epistolar. La capacidad de Rilke para conectar de manera íntima y sincera con sus lectores ha asegurado que sus palabras sigan siendo pertinentes y poderosas, más de un siglo después de haber sido escritas.

En este prólogo, exploraremos la vida y obra de Rainer María Rilke, el contexto en el que se escribieron las cartas, y los temas principales que aborda en su correspondencia con Kappus. A través de este análisis, buscaremos comprender la profundidad y la relevancia perdurable de *Cartas a un joven poeta*, invitando al lector a sumergirse en la sabiduría y la belleza de las palabras de Rilke.

1. Rainer María Rilke: una breve biografía

Rainer María Rilke, uno de los poetas más destacados de la literatura en lengua alemana, nació el 4 de diciembre de 1875 en Praga, entonces parte del Imperio Austrohúngaro. Su nombre completo era René Karl Wilhelm Johann Josef Maria Rilke, pero lo cambió a Rainer por sugerencia de su amiga Lou Andreas-Salomé, buscando una identidad que reflejara mejor su personalidad artística.

Desde joven, Rilke mostró una inclinación natural hacia la literatura y el arte. Sin embargo, su camino hacia el reconocimiento no fue fácil. A los diez años, fue enviado a una academia militar en la que sufrió profundamente, experiencia que marcó su vida y su obra. Posteriormente, estudió en varias universidades, incluyendo las de Praga, Múnich y Berlín, donde se interesó por la historia del arte, la literatura y la filosofía.

La vida personal de Rilke estuvo marcada por sus numerosas relaciones amorosas y amistades con personas influyentes en el ámbito artístico e intelectual. Una de las figuras más importantes en su vida fue Lou Andreas-Salomé, escritora y psicoanalista, quien no solo influyó en su obra, sino que también le brindó un apoyo crucial durante años decisivos de su carrera. Otra relación significativa fue con la escultora Clara Westhoff, con quien se casó en 1901 y tuvo una hija, Ruth.

Rilke fue un viajero incansable, siempre en busca de nuevos ambientes que estimularan su creatividad. Vivió en diversas ciudades europeas, incluyendo París, donde conoció al escultor Auguste Rodin. La colaboración y amistad con Rodin influyó profundamente en su poesía, inspirándole a buscar una mayor precisión y claridad en su trabajo. Sus experiencias en París dieron lugar a algunas de sus obras más importantes, como *Los cuadernos de Malte Laurids Brigge* y las *Elegías de Duino*.

La obra de Rilke se caracteriza por una exploración profunda de temas existenciales y metafísicos. Su poesía aborda la soledad, el amor, la muerte y la espiritualidad con una sensibilidad única. Sus versos están impregnados de una búsqueda constante de significado y una conexión con lo divino, reflejando su visión de la vida como un proceso continuo de transformación y autoconocimiento.

Rilke murió el 29 de diciembre de 1926 en Suiza, a causa de una leucemia. Su legado literario ha perdurado a lo largo de las décadas, y su influencia se extiende más allá de la poesía, impactando en la filosofía, la psicología y las artes en general. A través de obras como *Cartas a un joven poeta*, Rilke ha dejado una huella imborrable en la literatura mundial, inspirando a generaciones de escritores y lectores con su profundo entendimiento de la condición humana.

2. Franz Xaver Kappus: el joven poeta

Franz Xaver Kappus, el joven destinatario de las cartas de Rainer María Rilke, nació el 17 de mayo de 1883 en Timişoara, en el Imperio Austrohúngaro (actual Rumanía). Proveniente de una familia militar, Kappus decidió seguir la tradición familiar y se inscribió en la Academia Militar de Wiener Neustadt, en Austria. Fue durante este periodo cuando comenzó a escribir poesía y a cuestionarse sobre su vocación y su futuro.

Kappus se encontraba en un momento crucial de su vida cuando decidió escribir a Rilke. Como muchos jóvenes aspirantes a poetas, buscaba orientación y validación de su talento. Admirador de la obra de Rilke, Kappus esperaba que el reconocido poeta pudiera ofrecerle consejos y reflexiones que le ayudaran a encontrar su camino en el difícil mundo de la literatura. Su primera carta, enviada en 1902, inició una correspondencia que se prolongó durante varios años, resultando en las diez cartas que conocemos hoy.

En su primera carta, Kappus expresó sus dudas sobre la calidad de su poesía y su incertidumbre acerca de si debía continuar con su carrera militar o dedicarse por completo a la literatura. La respuesta de Rilke no se centró en criticar o evaluar los poemas de Kappus, sino en ofrecerle una profunda reflexión sobre la naturaleza del arte y la necesidad de buscar respuestas dentro de sí mismo. Esta primera interacción sentó las bases para las cartas subsiguientes, en las que Rilke continuó ofreciendo su sabiduría y consejo sobre la vida y la creación artística.

A lo largo de las cartas, Kappus compartió con Rilke sus experiencias y sentimientos, incluyendo sus luchas internas y sus observaciones sobre la vida militar. Rilke, en respuesta, le proporcionó un apoyo moral y emocional invaluable, alentándole a abrazar la soledad y la introspección como fuentes de creatividad y autoconocimiento. Las cartas de Rilke no solo fueron una guía literaria, sino también una fuente de consuelo y orientación en un momento de incertidumbre y búsqueda personal para Kappus.

Tras la finalización de su correspondencia con Rilke, Kappus continuó su carrera en el ejército, alcanzando el rango de oficial. Sin embargo, nunca abandonó por completo su amor por la literatura. A lo largo de su vida, publicó varios libros, incluyendo novelas, poemas y relatos. Su obra, aunque no alcanzó la fama de la de Rilke, refleja las inquietudes y temas que discutió con el poeta durante su juventud.

Franz Xaver Kappus murió el 9 de octubre de 1966, en Berlín. A pesar de que su carrera literaria no fue tan prominente como la de Rilke, su nombre ha quedado inmortalizado gracias a *Cartas a un joven poeta*. Esta obra no solo ofrece un vistazo íntimo a la relación entre un maestro y su discípulo, sino que también proporciona una profunda comprensión de las luchas y aspiraciones de un joven poeta en busca de su voz y su lugar en el mundo.

3. El contexto de las cartas

Las cartas que conforman *Cartas a un joven poeta* fueron escritas entre 1902 y 1908, un periodo de gran relevancia tanto en la vida de Rainer María Rilke como en el contexto histórico y literario en el que vivía. Entender las circunstancias que rodearon la creación de estas cartas es fundamental para apreciar plenamente su contenido y su significado.

A principios del siglo XX, Europa experimentaba profundos cambios sociales, políticos y culturales. La Revolución Industrial había transformado la economía y la sociedad, generando un ambiente de innovación y progreso, pero también de incertidumbre y alienación. La literatura y las artes estaban en plena efervescencia, con movimientos como el simbolismo, el modernismo y el expresionismo cuestionando las normas tradicionales y explorando nuevas formas de expresión.

En este contexto, Rilke se encontraba inmerso en la búsqueda de su propio estilo y voz poética. Sus experiencias en diversas ciudades europeas, incluyendo París, donde conoció a Auguste Rodin, influenciaron significativamente su obra. La relación con Rodin, en particular, le enseñó la importancia de la precisión y la disciplina en el arte, elementos que se reflejan en sus cartas a Kappus.

Durante los años en que escribió las cartas, Rilke atravesaba un periodo de intensa actividad creativa y crecimiento personal. Estaba trabajando en algunos de sus proyectos más importantes, como *Los cuadernos de Malte Laurids Brigge* y las primeras elegías de *Elegías de Duino*. Estos trabajos reflejan su profunda introspección y su exploración de temas como la soledad, la muerte y la espiritualidad.

Rilke también lidiaba con desafíos personales y emocionales. Su matrimonio con Clara Westhoff, aunque inicialmente feliz, fue complicado por sus frecuentes separaciones debido a los viajes de Rilke y su necesidad de aislamiento para escribir. Esta dinámica influyó en su comprensión de las relaciones y la soledad, temas recurrentes en sus cartas.

Franz Xaver Kappus, el destinatario de las cartas, era un cadete de la Academia Militar de Wiener Neustadt cuando comenzó a escribir a Rilke. Como muchos jóvenes de su época, Kappus enfrentaba la presión de conformarse a las expectativas familiares y sociales mientras luchaba con su propia identidad y aspiraciones artísticas. La decisión de escribir a Rilke en busca de consejo fue impulsada por su admiración por el poeta y su deseo de encontrar orientación en un momento de incertidumbre.

4. Temas principales de las cartas

Las cartas que Rainer María Rilke escribió a Franz Xaver Kappus abarcan una amplia gama de temas que no solo ofrecen una guía práctica para el joven poeta, sino que también exploran cuestiones universales sobre la vida, el arte y la existencia humana. A continuación, se detallan los temas principales abordados en las cartas:

La creación poética y el arte

Uno de los temas más recurrentes en las cartas es la creación poética. Rilke enfatiza la importancia de la introspección y la autenticidad en el proceso creativo. Él insta a Kappus a buscar respuestas dentro de sí mismo y a no depender de la aprobación externa. Rilke sugiere que la verdadera obra de arte surge de una necesidad interior y que el poeta debe escribir desde su propia experiencia y visión del mundo.

Rilke también discute la importancia de la paciencia en la creación artística. Aconseja a Kappus que no se apresure en su desarrollo como poeta y que permita que sus habilidades y su visión maduren con el tiempo. La idea de que la poesía debe surgir de una experiencia genuina y profunda es central en sus cartas.

La soledad y la introspección

La soledad es otro tema clave en la correspondencia de Rilke. Él ve la soledad no como un estado negativo, sino como una oportunidad para el autoconocimiento y el crecimiento personal. Rilke alienta a Kappus a abrazar la soledad y a usar ese tiempo para reflexionar sobre su vida y su arte.

Rilke considera que la introspección es esencial para cualquier artista, ya que permite una conexión más profunda con uno mismo y con el mundo. La soledad y la introspección son presentadas como fuentes de creatividad y autenticidad, donde el poeta puede explorar sus pensamientos y sentimientos más profundos.

El amor y las relaciones humanas

Las cartas también exploran la naturaleza del amor y las relaciones humanas. Rilke ofrece una visión del amor como una fuerza poderosa y transformadora que puede ser tanto inspiradora como desafiante. Él describe el amor como un acto de dar y recibir, pero también como una experiencia que requiere paciencia, comprensión y, a veces, sufrimiento.

Rilke insta a Kappus a no apresurarse en el amor y a no buscar la validación en las relaciones. En cambio, sugiere que el amor verdadero proviene de la autenticidad y la conexión genuina con el otro. El poeta destaca la importancia de ser fiel a uno mismo en las relaciones y de permitir que el amor evolucione de manera natural.

La búsqueda de la autenticidad

La búsqueda de la autenticidad es un tema central en las cartas de Rilke. Él anima a Kappus a ser honesto consigo mismo y a vivir de acuerdo con sus propios valores y principios. Rilke insiste en que el joven poeta debe evitar conformarse con las expectativas de los demás y, en cambio, debe seguir su propio camino.

Rilke considera que la autenticidad es esencial para la felicidad y el éxito personal. La capacidad de ser fiel a uno mismo y de vivir una vida que refleje verdaderamente quién eres es, según Rilke, la clave para una existencia plena y significativa.

La aceptación del sufrimiento

Rilke también aborda el tema del sufrimiento y su papel en la vida y en la creación artística. Él sugiere que el sufrimiento es una parte inevitable de la existencia humana y que puede ser una fuente de crecimiento y profundidad. En lugar de evitar el dolor, Rilke alienta a Kappus a aceptarlo y a aprender de él.

El poeta argumenta que el sufrimiento puede enriquecer la vida y el arte, proporcionando experiencias y emociones que pueden ser transformadas en poesía. La capacidad de enfrentar y aceptar el sufrimiento es vista como una forma de fortalecer el carácter y profundizar la comprensión de uno mismo y del mundo.

Estos temas no solo proporcionan una guía práctica para el joven poeta, sino que también ofrecen reflexiones profundas y atemporales sobre la vida y la creación artística. Las cartas de Rilke siguen resonando con los lectores de hoy, ofreciendo una sabiduría que trasciende el tiempo y el espacio.

5. La influencia de *Cartas a un joven poeta*

Desde su publicación, *Cartas a un joven poeta* ha tenido un impacto profundo y duradero en la literatura y en la vida de muchos lectores. La influencia de esta obra se extiende más allá del ámbito literario, llegando a tocar aspectos filosóficos, psicológicos y espirituales. A continuación, se detallan algunos de los aspectos más destacados de su influencia:

Impacto en la literatura

Cartas a un joven poeta ha sido una fuente de inspiración para numerosos escritores y poetas desde su publicación. La obra de Rilke ha sido reconocida por su profunda comprensión de la naturaleza humana y su capacidad para expresar con claridad y belleza las complejidades de la vida y el arte. Muchos escritores han encontrado en estas cartas una guía y un modelo a seguir en su propio trabajo creativo.

La influencia de Rilke se puede ver en la obra de poetas y escritores de diversas generaciones y culturas. Su enfoque en la autenticidad, la introspección y la búsqueda de significado ha resonado con muchos autores, quienes han adoptado y adaptado sus ideas en sus propias obras. Además, la estructura epistolar de las cartas ha inspirado a otros escritores a explorar este formato como una forma de comunicación literaria íntima y personal.

Relevancia en la actualidad

A pesar de haber sido escritas hace más de un siglo, las cartas de Rilke siguen siendo relevantes para los lectores contemporáneos. Los temas que aborda —como la búsqueda de la autenticidad, la soledad, el amor y el sufrimiento— son universales y atemporales. Las reflexiones de Rilke sobre estos temas ofrecen una perspectiva valiosa para cualquier persona en busca de una comprensión más profunda de sí misma y del mundo.

En la era actual, donde las personas a menudo enfrentan presiones externas y expectativas sociales, las palabras de Rilke sobre la importancia de ser fiel a uno mismo y de buscar respuestas dentro de uno mismo son particularmente significativas. La obra de Rilke ofrece un contrapunto a la cultura de la inmediatez y la superficialidad, recordándonos la importancia de la introspección y la paciencia en la búsqueda de significado y propósito.

Influencia en la filosofía y la psicología

Las cartas de Rilke no solo han influido en la literatura, sino también en el campo de la filosofía y la psicología. Sus reflexiones sobre la soledad, el amor y el sufrimiento han sido objeto de análisis y discusión en estos campos, proporcionando una comprensión más profunda de la experiencia humana.

Rilke aborda el sufrimiento y la soledad no como meros estados negativos, sino como oportunidades para el crecimiento personal y la autoexploración. Esta perspectiva ha resonado con enfoques terapéuticos y filosóficos que valoran la introspección y el autoconocimiento como componentes esenciales del bienestar mental y emocional.

Inspiración para los lectores

Más allá de su influencia académica y literaria, *Cartas a un joven poeta* ha tocado la vida de innumerables lectores a nivel personal. Muchas personas han encontrado consuelo, orientación y motivación en las palabras de Rilke, utilizándolas como una fuente de sabiduría en momentos de duda y desafío.

Las cartas han sido especialmente significativas para jóvenes artistas y escritores, quienes a menudo se enfrentan a las mismas preguntas y luchas que Kappus planteó a Rilke. La obra de Rilke ofrece una guía sobre cómo navegar las incertidumbres de la vida creativa y cómo encontrar una voz auténtica en medio de las presiones externas.

La influencia de *Cartas a un joven poeta* es vasta y multifacética. Desde su impacto en la literatura y las artes hasta su relevancia en la filosofía y la psicología, la obra de Rilke ha dejado una huella indeleble en diversas áreas del pensamiento y la creatividad humana. Su capacidad para conectar profundamente con los lectores y ofrecer reflexiones atemporales asegura que estas cartas continúen siendo una fuente de inspiración y sabiduría para las generaciones futuras.

6. Conclusión

Cartas a un joven poeta es más que una serie de correspondencias entre un poeta consagrado y un joven aspirante; es una obra que trasciende el tiempo y el espacio, ofreciendo una sabiduría profunda y atemporal sobre la vida, el arte y la existencia humana. Rilke, con su estilo poético y su capacidad para expresar las complejidades del alma humana, ha creado una obra que sigue siendo relevante y significativa para los lectores de hoy.

Las cartas abordan temas universales como la búsqueda de la autenticidad, la importancia de la introspección, la aceptación del sufrimiento y la naturaleza del amor y las relaciones humanas. Estos temas son tan pertinentes hoy como lo fueron en la época de Rilke, lo que subraya la capacidad de la obra para resonar con lectores de diferentes generaciones y contextos culturales. La autenticidad y la búsqueda de una vida significativa son cuestiones centrales en la experiencia humana, y Rilke ofrece una guía valiosa para quienes buscan respuestas a estas preguntas fundamentales.

Además, la estructura epistolar de la obra proporciona una sensación de intimidad y cercanía, permitiendo a los lectores sentirse como si estuvieran participando en una conversación personal con el poeta. Esta proximidad emocional es una de las razones por las que *Cartas a un joven poeta* ha tenido un impacto tan profundo en la vida de muchas personas.

A través de sus cartas, Rilke invita a los lectores a emprender un viaje de autodescubrimiento y reflexión. Sus palabras alientan a los lectores a mirar dentro de sí mismos y a encontrar sus propias respuestas a las preguntas sobre la vida y el arte. La introspección y la reflexión personal son componentes clave del mensaje de Rilke, y él nos recuerda la importancia de tomarnos el tiempo para explorar nuestros propios pensamientos y sentimientos.

Rilke también nos anima a abrazar la soledad como una oportunidad para el crecimiento personal y la creatividad. En un mundo donde a menudo se valora la constante interacción social y la ocupación, las palabras de Rilke son un recordatorio de la importancia del tiempo solitario y la introspección para el desarrollo de una vida auténtica y significativa.

Finalmente, Rilke nos invita a aceptar el sufrimiento como una parte inevitable de la vida y a ver en él una fuente de aprendizaje y profundización. Esta aceptación del sufrimiento y la capacidad de transformarlo en crecimiento personal es una de las lecciones más poderosas de *Cartas a un joven poeta*. Rilke nos muestra que, a través de la aceptación y la comprensión de nuestras propias experiencias, podemos encontrar una mayor profundidad y significado en nuestras vidas.

En conclusión, *Cartas a un joven poeta* es una obra que continúa inspirando y guiando a los lectores a través de sus profundas reflexiones sobre la vida y el arte. Rilke nos ofrece no solo un conjunto de consejos prácticos, sino una filosofía de vida que valora la autenticidad, la introspección y la aceptación de todas las facetas de la experiencia humana. Invito a cada lector a sumergirse en estas cartas con una mente abierta y un corazón dispuesto a explorar las profundidades de sus propias experiencias y emociones, encontrando en las palabras de Rilke una guía valiosa para su propio viaje de autodescubrimiento.

Sebastián Bermejo

1

A Franz Xaver Kappus[1].
París, 17 de febrero de 1903.

Estimado señor:

Su carta me llegó hace solo unos días. Quiero agradecerle su grande y afectuosa confianza. Apenas puedo hacer más. No puedo entrar en la naturaleza de sus versos, pues estoy demasiado alejado de toda intención crítica. Nada puede tocar tan poco una obra de arte como las palabras críticas: siempre dan lugar a malentendidos más o menos felices. Las cosas no son tan comprensibles y fáciles de explicar como se nos suele hacer creer. La mayoría de los acontecimientos son inexpresables. Tienen lugar en un espacio en el que ninguna palabra

1 Franz Xaver Kappus es conocido principalmente por ser el destinatario de las cartas que conforman este libro. Kappus era un joven cadete y aspirante a poeta en la academia militar de Theresian en Wiener Neustadt, Austria, cuando escribió a Rilke en busca de consejo sobre su poesía y sus dudas personales acerca de la carrera militar y su vocación literaria.

ha penetrado jamás, y más inexpresables que cualquier otra cosa son las obras de arte, existencias misteriosas cuya vida perdura junto a la nuestra, que se va.

Dicho esto, solo puedo decirle que sus versos no tienen carácter propio, pero sí aproximaciones silenciosas y disimuladas a lo personal. Lo siento más claramente en el último poema «Mi alma». Algo propio quiere decir lo suyo y salirse con la suya. Y en el hermoso poema «A Leopardi», tal vez crezca una especie de parentesco con este gran hombre solitario. Sin embargo, los poemas no son nada en sí mismos, nada independiente, ni siquiera el último y el dirigido a Leopardi. Su amable carta, que los acompañaba, no deja de explicarme algunas de las carencias que sentí al leer sus versos, sin poder, sin embargo, mencionarlas por su nombre.

Me pregunta si sus versos son buenos. Me lo pregunta a mí. Se lo ha preguntado a otros antes. Lo envía a revistas. Lo compara con otros poemas y se preocupa cuando ciertos editores rechazan sus intentos. Ahora (ya que me ha permitido aconsejarle) le pido que lo deje todo. Está mirando hacia fuera y, sobre todo, ahora no debe hacerlo. Nadie puede aconsejarle y ayudarle, nadie. Solo hay un remedio. Adéntrese en su interior. Explore la razón que le impulsa a escribir; compruebe si está arraigada en lo más profundo de su corazón, pregúntese a sí mismo si tendría que morir si no le dejaran escribir.

Pero sobre todo: pregúntese en la hora más tranquila de su noche: «¿*Debo* escribir?» Busque una respuesta en su interior. Y si esta respuesta es afirmativa, si puede responder a esta seria pregunta con un fuerte y simple «*sí debo*», entonces construya su vida de acuerdo con esta necesidad. Su vida, incluso en su hora más indiferente e insignificante, debe convertirse en signo y testimonio de este impulso. Acérquese a la naturaleza. Entonces intente, como si fuese el primer ser humano, decir lo que ve y experimenta y ama y pierde.

No escriba poemas de amor. Evite primero las formas demasiado conocidas y comunes: son las más difíciles, pues se requiere un gran poder maduro para dar algo propio donde abundan las buenas y a veces brillantes tradiciones.

Por tanto, rehúya los motivos generales y céntrese en lo que le ofrece su propia vida cotidiana. Describa sus tristezas y deseos, los pensamientos pasajeros y la creencia en algo bello: descríbalo todo con sinceridad tranquila y humilde, y utilice las cosas de su entorno, las imágenes de sus sueños y los objetos de su memoria para expresarse.

Si su vida cotidiana le parece pobre, no la acuse. Acúsese a sí mismo, dígase que no es lo bastante poeta para gritar sus riquezas; porque para la persona creativa no hay pobreza ni lugar pobre e indiferente. Y si usted mismo estuviera en una prisión cuyos muros no permitieran que ninguno de los sonidos del mundo llegara a sus sentidos, ¿no seguiría teniendo su infancia, esa deliciosa y real riqueza, ese tesoro de recuerdos? Dirija allí su atención. Intente desenterrar las sensaciones sumergidas de ese pasado lejano. Su personalidad se consolidará, su soledad se expandirá y se convertirá en una morada crepuscular donde el ruido de los demás pasa lejos. Y cuando *los versos* surjan de este giro hacia dentro, de esta inmersión en su propio mundo, no se le ocurrirá preguntar a nadie si son buenos *versos*. Ni tratará de interesar a las revistas en esas obras: porque verá en ellas su querida posesión natural, un trozo y una voz de su vida.

Una obra de arte es buena si ha sido creada por necesidad. En esta naturaleza de su origen reside su juicio: no hay otra. Por eso, querido señor, no conozco otro consejo que éste: adéntrese en sí mismo y examine las profundidades de las que brota su vida; en su fuente encontrará la respuesta a la pregunta de si *debe* crear.

Acéptela tal como suena, sin interpretarla. Tal vez resulte que está llamado a ser artista. Asuma entonces su suerte y llévela, su carga y su grandeza, sin pedir nunca la recompensa que pueda venir de fuera. Porque el creador debe ser un mundo en sí mismo y encontrarlo todo en sí mismo y en la naturaleza a la que se ha unido.

Tal vez, sin embargo, incluso después de este descenso a sí mismo y a su soledad, tendrá que renunciar a convertirse en poeta (como ya he dicho, basta con sentir que uno podría vivir sin escribir para que no se le permita hacerlo en absoluto). Pero incluso entonces esta contemplación que le pido no habrá sido en vano. En cualquier caso, su vida encontrará sus propios caminos a partir de entonces, y le deseo, más de lo que puedo decir, que sean buenos, ricos y amplios.

¿Qué más puedo decirle? Todo me parece debidamente expresado. Y al fin y al cabo, solo quería aconsejarle que creciera tranquila y seriamente a través de su desarrollo. No puede perturbarlo más violentamente que si mira hacia fuera y espera respuestas del exterior a preguntas que solo sus sentimientos más íntimos pueden tal vez responder en su hora más tranquila.

Fue un placer para mí encontrar el nombre del profesor Horacek en su carta. Siento una gran veneración por este amable erudito y una gratitud que ha perdurado a lo largo de los años. Le ruego que le comunique mis sentimientos. Es muy amable por su parte que aún se acuerde de mí, y se lo agradezco.

Los versos que amablemente me confió, se los devuelvo al mismo tiempo. Y le agradezco una vez más la grandeza y calidez de su confianza, de la cual intenté hacerme un poco más digno con esta respuesta sincera, dada con el mejor conocimiento, de lo que realmente soy, siendo un extraño.

Con toda devoción e interés:
Rainer María Rilke

2

A Franz Xaver Kappus.
Viareggio, cerca de Pisa (Italia), 5 de abril de 1903.

Debe perdonarme, querido y honorable señor, que hoy solo recuerde con gratitud su carta del 24 de febrero. Estuve sufriendo todo el tiempo, no exactamente enfermo, pero sí oprimido por un desvanecimiento parecido a la gripe que me hacía incapaz de hacer nada. Y finalmente, cuando no pude evitarlo, viajé a este mar del sur, cuyos beneficios ya me habían ayudado una vez. Pero aún no estoy bien, me cuesta escribir, así que tendrá usted que aceptar estas pocas líneas, en lugar de muchas más.

Por supuesto, debe saber que siempre me complacerá con cada carta, y solo deberá ser indulgente con la respuesta, que quizá a menudo le deje con las manos vacías. Porque en el fondo, y especialmente en las cosas más profundas e importantes, estamos solos sin nombre, y para que uno pueda aconsejar o incluso ayudar a otro, mucho debe suceder, mucho debe tener éxito, toda una constelación de cosas deben ocurrir para que tenga éxito.

Hoy solo quería decirle dos cosas.

Ironía: no deje que le domine, sobre todo en los momentos poco creativos. En los momentos creativos, intente utilizarla como un medio más de captar la vida. Utilizada con pureza, también es pura, y no hay que avergonzarse de ella. Y si se siente demasiado familiarizado con ella, si teme la creciente intimidad con ella, entonces recurra a objetos grandes y serios ante los cuales se vuelve pequeña e indefensa. Busque la profundidad de las cosas: allí la ironía nunca desciende. Y si así le conduce al borde de lo grande, pruebe al mismo tiempo si este modo de aprehensión brota de una necesidad de su naturaleza. Porque bajo la influencia de las cosas serias, o bien se alejará de usted (si es algo accidental), o bien (si realmente le pertenece por naturaleza) se fortalecerá hasta convertirse en un instrumento serio y se incluirá en los medios con los que tendrá que desarrollar su arte.

Y la segunda cosa que quería decirle hoy es esta: de todos mis libros, solo unos pocos me resultan indispensables, y dos están siempre entre mis cosas, esté donde esté. También están a mi alrededor: la Biblia y los libros del gran poeta danés Jens Peter Jacobsen[2].

Se me ocurre pensar si usted conoce sus obras. Puede conseguirlas fácilmente, ya que algunas de ellas han sido

---

2 Jens Peter Jacobsen fue un importante escritor y poeta danés, nacido en 1847 y fallecido en 1885. Es conocido por su estilo literario que mezcla el naturalismo con un profundo análisis psicológico de sus personajes. Aunque su obra no es extensa debido a su temprana muerte a los 38 años, Jacobsen tuvo un impacto significativo en la literatura danesa y en movimientos literarios más amplios, especialmente el naturalismo.

publicadas en una muy buena traducción en la Biblioteca Universal de Reclam. Hágase con el pequeño volumen *Seis cuentos* de J. P. Jacobsen y con su novela *Niels Lyhne*[3], y empiece con el primer cuento del primer volumen, que se titula «Mogens»[4]. Se le vendrá un mundo encima, la felicidad, la riqueza, la grandeza sin igual de un mundo. Viva un tiempo en estos libros, aprenda de ellos lo que crea que merece la pena aprender, pero sobre todo, ámelos. Este amor le será recompensado miles y miles de veces, y sea cual sea el rumbo de su vida, estoy seguro de que formará parte del tejido de su devenir como uno de los hilos más importantes entre toda la trama de sus experiencias, decepciones y alegrías.

Si tengo que decir de quién he aprendido algo sobre la naturaleza de la creación, sobre su profundidad y eternidad, solo puedo mencionar dos nombres: el de Jacobsen, el gran,

3 *Niels Lyhne* es una de las obras más importantes de Jens Peter Jacobsen y un destacado ejemplo del naturalismo literario. Publicada en 1880, esta novela es considerada la obra maestra del autor. En ella, Jacobsen explora la vida y las aspiraciones de su protagonista, Niels Lyhne, un joven idealista que lucha por encontrar su lugar en el mundo y dar sentido a su existencia.

4 Este relato fue publicado por primera vez en 1872 y marcó el debut literario de Jacobsen, siendo muy representativo de su estilo y temática. «Mogens» narra la historia de un joven, Mogens, a lo largo de diferentes etapas de su vida, destacando sus experiencias, su desarrollo personal y sus relaciones amorosas. Este cuento es particularmente notable por su innovador uso del lenguaje y la estructura, así como por la manera en que Jacobsen incorpora descripciones detalladas de la naturaleza, lo cual refleja su formación como científico y su interés en el naturalismo.

gran poeta, y el de Auguste Rodin[5], el escultor que no tiene igual entre todos los artistas que viven hoy en día.

¡Y éxito en todos sus caminos!

Suyo:
Rainer María Rilke

5 Auguste Rodin fue un influyente escultor francés considerado a menudo como el precursor de la escultura moderna. Nació en 1840 y murió en 1917. A lo largo de su carrera, Rodin fue conocido por su habilidad para modelar un cuerpo humano realista y transmitir emociones profundas a través del bronce y el mármol.

3

A Franz Xaver Kappus.
Viareggio, cerca de Pisa (Italia), 23 de abril de 1903.

Usted me ha dado, querido y estimado señor, mucha alegría con su carta de Pascua; porque hablaba muy bien de usted, y la manera en que se expresó sobre el gran y querido arte de Jacobsen me mostró que no me equivoqué al guiar su vida y sus numerosas preguntas hacia esa fuente de riqueza.

Ahora se abrirá ante usted *Niels Lyhne*, un libro de esplendores y profundidades; cuanto más lo lee, más parece contenerlo todo, desde la fragancia más tenue de la vida hasta el sabor pleno y grandioso de sus frutos más pesados. No hay nada que no haya sido comprendido, captado, experimentado y reconocido en los ecos temblorosos de la memoria. Ninguna experiencia ha sido demasiado pequeña, y el más pequeño acontecimiento se despliega como un destino, y el destino mismo es como un maravilloso y amplio tejido en el que cada hilo es guiado por una mano infinitamente tierna y colocado junto a otro y sostenido y llevado por otros cien. Experimentará la gran felicidad de leer este libro por primera vez, y atravesará sus innumerables sorpresas como en un nuevo sueño. Pero puedo decirle que uno también más tarde sigue recorriendo estos libros con el mismo asombro de siempre, y que no pierden nada de su maravilloso poder ni renuncian a nada de la cualidad de cuento de hadas con la que inundan al lector la primera vez.

Uno solo se vuelve más gozoso con ellos, más agradecido, y de alguna manera mejor y más sencillo en la observación, más profundo en la fe en la vida y en la vida misma más bendito y grande.

Y después debe leer el maravilloso libro del destino y el anhelo de Marie Grubbe[6] y las cartas y las páginas del diario y los fragmentos de Jacobsen y, finalmente, sus versos, que (aunque solo estén medianamente transcritos) viven en una resonancia infinita. (Le aconsejo que compre de vez en cuando la hermosa edición completa de las obras de Jacobsen que contiene todo esto. Fue publicada en tres volúmenes y está bien traducida por Eugen Diederichs[7] en Leipzig y cuesta, creo, solo cinco o seis marcos por volumen).

---

6 Marie Grubbe es un personaje histórico de Dinamarca, conocido principalmente por su vida tumultuosa y por romper con las convenciones sociales de su época. Nació en 1643 y falleció en 1718. Su vida ha sido tema de diversas representaciones literarias y estudios históricos debido a sus varios matrimonios, relaciones amorosas y la decisión final de vivir fuera de la sociedad aristocrática.

7 Eugen Diederichs (1867-1930) fue un influyente editor alemán conocido por fundar la editorial Diederichs Verlag. Fue una figura prominente en el movimiento de renovación cultural en Alemania durante finales del siglo XIX y principios del XX.

Con su opinión sobre «Aquí deberían florecer rosas...»[8] (esa obra de una delicadeza y una forma tan inigualables) tiene, por supuesto, de manera indiscutible, toda la razón al estar en contra de la persona que escribió el prólogo. Y permítame hacerle una petición: lea lo menos posible sobre crítica estética, ya que son, o bien puntos de vista partidistas que se han petrificado y vuelto sin sentido en su rigidez inerte, o bien juegos de palabras hábiles donde hoy prevalece una opinión y mañana la contraria.

Las obras de arte son de una soledad infinita y a nada son menos accesibles que a la crítica. Solo el amor puede asirlas, sostenerlas y ser justo con ellas.

Demuéstrese siempre a *sí mismo* y a sus sentimientos que tiene razón en cada argumento, discusión o introducción. Si se equivoca, el crecimiento natural de su vida interior le llevará lentamente a otras realizaciones con el tiempo. Deje que sus juicios se desarrollen de forma tranquila y sin perturbaciones, ya que, como todo progreso, debe surgir de lo más profundo de su ser y no puede ser forzado ni acelerado por nada. *Todo* es gestación y luego nacimiento. Deje que cada

8 La frase «Hier sollten Rosen stehen» es conocida por aparecer en un poema de Rainer María Rilke. El poema en cuestión es «Archaischer Torso Apollos» (Torso arcaico de Apolo), que es uno de los poemas más famosos de Rilke, escrito en 1908. Este poema forma parte de su colección *Nuevos poemas*. En «Archaischer Torso Apollos», Rilke explora la idea de que incluso un fragmento de una estatua, en este caso, un torso sin cabeza, brazos ni piernas, aún irradia una vitalidad y presencia impresionantes. La frase «Hier sollten Rosen stehen» sugiere un lugar donde deberían florecer rosas, posiblemente indicando la belleza y la vitalidad que aún emana del torso roto. El poema termina con una famosa línea que invita al lector a cambiar su vida, destacando cómo el arte puede inspirar una profunda reflexión personal y transformación.

impresión y cada germen de un sentimiento se complete por completo dentro de usted, en la oscuridad, en lo indecible, lo inconsciente, lo inaccesible para su propia mente, y espere con profunda humildad y paciencia la hora del nacimiento de una nueva claridad. Solo eso significa vivir artísticamente: tanto en la comprensión como en la creación.

No hay medida del tiempo, no hay año, y diez años no son nada, ser artista significa: no contar ni hacer cuentas; madurar como el árbol que no apura su savia y se yergue confiado en las tormentas de la primavera sin el temor de que el verano no venga detrás. Y llega. Pero solo llega para los pacientes, que están ahí como si la eternidad estuviera ante ellos, tan despreocupados, tranquilos y lejanos. Lo aprendo cada día, lo aprendo con dolor, por lo que estoy agradecido: ¡*La paciencia* lo es todo!

Richard Dehmel[9]: me pasa con sus libros (y de paso también con la persona, a quien conozco superficialmente) que, cuando encuentro una de sus páginas hermosas, siempre temo a la siguiente, que puede destruir todo de nuevo y convertir lo adorable en algo indigno. Lo ha caracterizado muy bien con las palabras: «Vivir y escribir ardientemente». Y, en efecto, la experiencia artística está tan increíblemente próxima a la sexual, a su dolor y a su placer, que ambos fenómenos no son, en realidad, más que formas diferentes de

9 Richard Dehmel fue un poeta y escritor alemán nacido en 1863 y fallecido en 1920. Es conocido por su poesía profundamente emocional y a menudo controversial que exploraba temas como el amor, el sexo, la religión y la transformación social. Dehmel fue una figura influyente en la literatura alemana del cambio de siglo, y su trabajo tuvo un impacto significativo en la cultura y el arte de su tiempo, influenciando a compositores como Richard Strauss y Arnold Schoenberg.

un mismo anhelo y dicha. Y si en lugar de lujuria se pudiera decir sexo, sexo en el sentido grande, amplio, puro, que no es sospechoso de ningún error eclesiástico, entonces su arte sería muy grande e infinitamente importante. Su poder poético es grande y fuerte como un impulso primario, tiene sus propios ritmos despiadados en su interior y brota de él como de las montañas.

Pero parece que este poder no siempre es completamente sincero y sin poses. (Pero esa es también una de las pruebas más difíciles para el creador: debe permanecer siempre inconsciente, ajeno a sus mejores virtudes, si no quiere quitarles su espontaneidad y pureza). Y entonces, cuando esa fuerza del poeta, precipitándose a través de su ser, llega a lo sexual, no encuentra a ningún hombre tan puro como ella necesitaba que fuera.

Aquí no hay un mundo sexual completamente maduro y puro, uno que no es lo suficientemente *humano*, que es solo *masculino*, es celo, embriaguez e inquietud, y está cargado con los viejos prejuicios y vanidades con los que el hombre ha deformado y cargado el amor. Como *solo* ama como hombre, no como ser humano, hay algo estrecho, aparentemente salvaje, rencoroso, temporal, inmortal en su sentimiento sexual, que disminuye su arte y lo hace ambiguo y dudoso. *No* está exento de defectos, está marcado por el tiempo y la pasión, y poco de él durará y perdurará. (¡Pero la mayor parte del arte es así!) Sin embargo, uno puede complacerse profundamente en lo que hay de grande en él y solo necesita no perderse en él y convertirse en un seguidor de ese mundo dehmeliano[10], tan infinitamente ansioso, lleno de adulterio y confusión, y alejado de los verdaderos destinos, que causan

10 De Richard Dehmel.

más sufrimiento que estas tribulaciones temporales, pero también dan más oportunidad para la grandeza y más valor para la eternidad. Por último, en cuanto a mis libros, me gustaría enviarle todos los que pudiera disfrutar. Pero soy muy pobre, y mis libros, una vez publicados, ya no son míos. No puedo comprarlos yo mismo y regalarlos, como tantas veces me gustaría, a quienes los quisieran.

Por eso estoy anotando en un papel los títulos (y las editoriales) de mis últimos libros publicados (los últimos, probablemente he publicado 12 o 13 en total) y debo dejarle a usted, estimado señor, que pida alguno de vez en cuando.

Me agrada saber que mis libros están con usted.

¡Cuídese mucho!

Suyo:
Rainer María Rilke

4

A Franz Xaver Kappus.
Worpswede, cerca de Bremen, 16 de julio de 1903.

Hace unos diez días salí de París bastante enfermo y cansado, y viajé a una gran llanura del norte, cuya inmensidad, silencio y cielo deberían devolverme la salud. Pero me adentré en una larga lluvia, que solo hoy se despejará un poco sobre la inquieta tierra; y aprovecho este primer momento de luz para saludarle, querido señor.

Estimado señor Kappus: dejé una carta suya sin respuesta durante mucho tiempo, no porque la hubiera olvidado. Al contrario: era de las que uno relee cuando la encuentra entre las cartas, y le reconocí en ella como si viniera de muy cerca. Era la carta del 2 de mayo, y estoy seguro de que la recuerda. Cuando lo leo, como ahora, en el gran silencio de esta lejanía, entonces me conmueve su hermosa preocupación por la vida, aún más de lo que sentí en París, donde todo resuena y se desvanece de manera diferente debido al enorme ruido que hace temblar las cosas. Aquí, donde hay un vasto país a mi alrededor, sobre el que soplan los vientos de los mares, siento que nadie puede responderle a esas preguntas y sentimientos que tienen vida propia en sus profundidades; porque incluso las mejores palabras se equivocan cuando se supone que significan las cosas más silenciosas y casi indecibles. Pero creo, no obstante, que no tiene por qué quedarse sin solución si se atiene a cosas semejantes a aquellas sobre las que ahora se posan mis ojos. Si se ciñe a la naturaleza, a las cosas sencillas que hay en ella, a las pequeñas cosas que casi nadie ve, y que así pueden convertirse de repente en grandes e inmensas; si tiene ese amor por las pequeñas cosas y simplemente, como un servidor, trata de ganarse la confianza de lo que parece pobre: entonces todo se volverá más fácil, más unificado y, de alguna manera, más reconciliado para usted, no en su mente quizás, que permanecerá asombrada, sino en su más íntima conciencia, vigilia y conocimiento.

Usted es tan joven, tan al principio de todo, y quisiera pedirle, lo mejor que puedo, querido señor, que tenga paciencia con todo lo no resuelto en su corazón e intente amar *las preguntas mismas* como habitaciones cerradas y como libros escritos en un idioma muy extraño. No busque ahora las respuestas que no pueden serle dadas, porque no podría vivirlas. Y se trata de vivirlo todo. *Viva* ahora las preguntas. Quizás así, gradualmente, sin darse cuenta, un día lejano llegue a vivir la respuesta.

Tal vez tenga dentro de usted la posibilidad de formar y moldear, como una forma de vida particularmente bendita y pura. Edúquese para ello, pero acepte lo que venga con gran confianza, y si viene solo de su voluntad, de alguna necesidad dentro de usted, acéptelo y no odie nada. El sexo es difícil, sí, pero es difícil lo que se nos ha dado, casi todo lo serio es difícil, y todo es serio. Si tan solo reconoce esto y llega a adquirir de usted mismo, de *su* experiencia y su infancia y su fuerza, una relación con el sexo que sea enteramente suya (no influenciada por las convenciones y la infancia y la costumbre), entonces ya no tendrá que temer perderse a sí mismo y volverse indigno de su mejor posesión.

La lujuria física es una experiencia sensual, no diferente de la pura vista o del puro sentimiento con que una hermosa fruta llena la lengua. Es una experiencia grande, infinita, que se nos da, un conocimiento del mundo, la plenitud y el esplendor de todo conocimiento. Y no hay nada malo en vivir esta experiencia. Lo malo es que casi todo el mundo abusa de ella y la desperdicia. La usan como estímulo en las partes cansadas de sus vidas y como distracción en lugar de como un momento de reflexión y concentración hacia los momentos culminantes. La gente también ha convertido la comida en otra cosa. La necesidad en un lado y el exceso en el otro han opacado la claridad de esta necesidad, y de manera similar, todas las profundas y simples necesidades básicas en las que la vida se renueva se han vuelto turbias. Pero el individuo puede aclararlas por sí mismo y vivir con claridad (y si no el individuo demasiado dependiente, al menos el solitario). Puede recordar que toda belleza en animales y plantas es una forma silenciosa y duradera de amor y anhelo, y puede ver al animal como ve a la planta, uniéndose y multiplicándose paciente y voluntariamente y creciendo no por placer físico, no por sufrimiento físico, doblegándose a necesidades mayores que el placer y el sufrimiento y más poderosas que la voluntad y la resistencia. Oh, que el hombre recibiera este misterio, del que la tierra está llena hasta en sus cosas más pequeñas, más humildemente y lo llevara más seriamente, soportando y sintiendo lo terriblemente difícil que es, en lugar de tomarlo a la ligera. Que fuera reverente hacia su fecundidad, que es solo *una*, ya parezca espiritual o física; pues la creación espiritual también procede de la física, es de una misma esencia con ella y solo es como una repetición más silenciosa, más deliciosa y eterna de la lujuria corporal.

«El pensamiento de ser creador, de engendrar, de formar» no es nada sin su continua y gran confirmación y realización en el mundo, nada sin la aprobación mil veces mayor de las cosas y los animales. Y su disfrute solo es tan indescriptiblemente bello y rico porque está lleno de recuerdos heredados del presenciar y dar a luz a millones. Mil noches olvidadas de amor reviven en el pensamiento de un creador y lo llenan de majestuosidad y altura. Y los que se reúnen en las noches y se entrelazan en lujuria oscilante, hacen un trabajo serio y reúnen dulzura, profundidad y fuerza para el canto de algún poeta venidero que se elevará para hablar delicias indecibles. Y convoquen al futuro; y aunque se equivoquen y se abracen ciegamente, el futuro llegará, un hombre nuevo surgirá, y en el fondo de la casualidad que aquí parece consumada, se despertará la ley con la que una semilla resistente y fuerte se abrirá paso hasta el óvulo que se dibuja abiertamente hacia ella. No se deje engañar por la superficie; en las profundidades todo se convierte en ley. Y los que viven mal y mal el secreto (y hay muchos) solo lo pierden para sí mismos y, sin embargo, lo transmiten como una carta sellada sin darse cuenta. Y no se dejen confundir por la multitud de nombres y la complejidad de los casos. Tal vez haya una gran maternidad por encima de todo, como un anhelo común. La belleza de la virgen, de un ser «que (como usted dice tan bellamente) aún no ha logrado nada», es la maternidad que anticipa y prepara, teme y anhela. Y la belleza de la madre es la maternidad que sirve, y en la anciana hay una gran memoria. Y también en el hombre hay maternidad, me parece, física y espiritual. Su testimonio es también una especie de parto, y el parto es cuando crea desde la plenitud más íntima. Y quizá los sexos estén más relacionados de lo que pensamos, y la gran renovación del mundo consistirá tal vez en que el hombre y la mujer, liberados de todo sentimiento erróneo y de toda lujuria, no se busquen como opuestos, sino como hermanos y vecinos, y se unan como *seres humanos* para soportar juntos, sencilla, seria y pacientemente, la pesada carga del sexo que se les impone. Pero todo lo que tal vez un día será posible para muchos, ya puede prepararlo y construirlo ahora el hombre solitario con sus manos menos propensas a equivocarse.

Por eso, querido señor, ame su soledad y soporte el dolor que le causa con un lamento que suene hermoso. Porque los que están cerca de usted están lejos, dice, y eso demuestra que las cosas empiezan a ensancharse a su alrededor. Y si su cercanía está lejos, entonces su vastedad ya está entre las estrellas y es muy grande; alégrese de su crecimiento, en el que no puede llevarse a nadie consigo, y sea bueno con los que se quedan atrás, y esté seguro y tranquilo ante ellos y no los atormente con sus dudas ni los asuste con su confianza o alegría, que no podrían comprender.

Busque con ellos alguna sencilla y leal comunidad que no necesite cambiar necesariamente cuando usted mismo cambie una y otra vez; ame en ellos la vida en una forma ajena y tenga consideración hacia las personas mayores que temen la soledad, hacia la cual usted siente confianza. Evite aumentar el drama siempre tenso entre padres e hijos; consume mucha energía de los hijos y se come el amor de los mayores, que trabaja y calienta aunque no comprenda. No les pida consejo y no cuente con su comprensión; pero crea en un amor que le está guardado como una herencia, y confíe en que en ese amor hay una fuerza y una bendición de las que no tiene que salir para llegar muy lejos.

Es bueno que primero entre en una profesión que le haga independiente y le sitúe completamente por su cuenta en todos los sentidos. Espere pacientemente a ver si su vida interior se siente restringida por la forma de esta profesión[11]. La considero muy difícil y exigente, ya que está lastrada por grandes convencionalismos y no deja casi espacio para una concepción personal de sus tareas. Pero su soledad será su apoyo y su hogar incluso en medio de circunstancias muy extrañas, y desde ella encontrará todos sus caminos. Todos mis deseos están dispuestos a acompañarle, y mi confianza está con usted.

Suyo:
Rainer María Rilke

11 El receptor de las cartas formaba parte del ejército.

5

A Franz Xaver Kappus.
Roma, 29 de octubre de 1903.

Estimado y honorable señor:

Recibí su carta del 29 de agosto en Florencia, y ahora, dos meses después, la respondo. Le pido disculpas por este retraso, pero no me gusta escribir cartas cuando estoy de viaje, porque necesito algo más que lo estrictamente necesario para escribir cartas: un poco de silencio y soledad y una hora que no sea demasiado extraña.

Llegamos a Roma hace unas seis semanas, en una época en que aún era una Roma vacía, calurosa y febril, y esta circunstancia, junto con otras dificultades prácticas para instalarnos, contribuyó a que la inquietud que nos rodeaba no cesara y a que la tierra extranjera pesara sobre nosotros con el peso de la falta de hogar. A esto hay que añadir el hecho de que Roma (si aún no la conoce) parece opresivamente triste en los primeros días: por la atmósfera museística inanimada y apagada que exhala, por la abundancia de sus pasados sacados a la luz y mantenidos con esmero (de los que se alimenta un pequeño presente), por la sobrevaloración sin nombre, sostenida por eruditos y filólogos e imitada por los viajeros habituales a Italia, de todas estas cosas distorsionadas y corrompidas, que en el fondo no son más que restos accidentales de otro tiempo y de una vida que no es la nuestra ni debería serlo.

Finalmente, tras semanas de defensa diaria, uno vuelve a encontrarse a sí mismo, aunque todavía un poco confuso, y se dice: no, aquí no hay *más belleza que* en ningún otro sitio, y todos estos objetos que han sido admirados por generaciones, a los que las manos de los artesanos han hecho mejoras y añadidos, no significan nada, no son nada y no tienen corazón ni valor. Sin embargo, aquí hay mucha belleza, porque la hay en todas partes. Aguas infinitamente vivas pasan por los viejos acueductos hacia la gran ciudad y danzan en las muchas plazas sobre cuencos de piedra blanca y se extienden en amplias y espaciosas cuencas y se precipitan de día y elevan su rugido a la noche, que aquí es grande y estrellada y suave de vientos. Y aquí hay jardines, inolvidables avenidas y escalinatas, escalinatas concebidas por Miguel Ángel[12], construidas según el modelo de las aguas que se deslizan hacia abajo, anchas en la pendiente, paso a paso dando a luz como ola a ola. A través de tales impresiones, uno se recoge, se recupera del exigente bullicio que habla y charla (¡y cuán locuaz es!), y aprende lentamente a reconocer las muy pocas cosas en las que perdura lo eterno, que se puede amar, y lo solitario, en lo cual se puede participar silenciosamente.

12 Miguel Ángel Buonarroti, conocido simplemente como Miguel Ángel, fue uno de los más grandes artistas del Renacimiento italiano. Su obra abarca diversas disciplinas artísticas, incluyendo la escultura, la pintura, la arquitectura y la poesía.

Sigo viviendo en la ciudad, en la colina Capitolina[13], no lejos de la más bella estatua ecuestre que se ha conservado del arte romano: la de Marco Aurelio[14]; pero dentro de pocas semanas me mudaré a una habitación tranquila y sencilla, una vieja alcoba que se pierde en lo profundo de un gran parque, escondida de la ciudad, de su ruido y de su azar. Allí viviré todo el invierno y me regocijaré en el gran silencio, del que espero el regalo de horas buenas y virtuosas...

Desde allí, donde estaré más a gusto, le escribiré una carta más extensa, en la que también hablaré de la suya. Hoy solo debo decirle (y tal vez esté mal que no lo haya hecho antes) que el libro que anunciaba en su carta, y que debía contener obras suyas, no ha llegado aquí. ¿Se lo han devuelto, tal vez desde Worpswede[15], porque no está permitido enviar paquetes al extranjero? Esta es la posibilidad más favorable, que me gustaría que me confirmaran. Esperemos que no se trate

13 La colina Capitolina, también conocida como el Capitolio, es una de las siete colinas sobre las que se fundó la antigua ciudad de Roma. Este lugar ha sido un centro político y religioso de gran importancia desde la Antigüedad hasta la actualidad.

14 La estatua ecuestre de Marco Aurelio es considerada uno de los ejemplos más destacados de la escultura romana, tanto por su calidad artística como por su importancia histórica. Este bronce dorado, que originalmente se encontraba en el Foro Romano, se destaca por su majestuosidad y el realismo con el que se representa al emperador. No solo es notable por ser una de las pocas estatuas ecuestres de bronce de la Antigüedad que ha sobrevivido en tan buen estado, sino también por la significativa influencia que ha tenido en el arte posterior.

15 Worpswede es una pequeña localidad situada en el norte de Alemania, en la Baja Sajonia, que se hizo famosa a fines del siglo XIX como una colonia de artistas. Pintores, escultores y escritores fueron atraídos por el encanto y la belleza natural de sus paisajes, lo que inspiró a muchos de ellos en su trabajo creativo.

de una pérdida, lo cual no es una excepción en los servicios postales italianos, por desgracia.

También me hubiera gustado recibir ese libro, como todo lo que me recuerda a usted; y los versos que se han escrito entretanto los leeré siempre (si usted me los confía) y los releeré y viviré tan bien y tan cálidamente como pueda. Con deseos y saludos.

Suyo:
Rainer María Rilke

6

A Franz Xaver Kappus.
Roma, 23 de diciembre de 1903.

Mi querido señor Kappus:

Que no le falte un saludo mío cuando llegue la Navidad y cuando, en medio de las fiestas, sienta su soledad más pesada que de costumbre. Pero si entonces se da cuenta de que esa soledad es grande, alégrese de ella. Porque (se preguntará) qué sería una soledad que no tuviera grandeza. Existe solo *una* soledad, y es grande y no es fácil de llevar, y a casi todos les llegan momentos en los que les gustaría cambiarla por cualquier tipo de compañía, por más banal y barata que sea, por la apariencia de una pequeña coincidencia con el primero que aparezca, con el menos digno. Pero tal vez sean éstas precisamente las horas en que crece la soledad. Porque su crecimiento es tan doloroso como el de los niños y tan triste como el comienzo de la primavera. Pero no deje que eso le desanime. Lo que se necesita es solo esto: soledad, gran soledad interior. Entrar en usted mismo y no encontrarse con nadie durante horas y horas: tiene que ser capaz de conseguirlo. Sentirse solo, igual que se sentía solo de niño cuando los mayores andaban por ahí, entrelazados con cosas que parecían importantes y grandes porque los mayores parecían muy ocupados y porque no entendía nada de lo que hacían.

Y cuando un día se descubra que sus ocupaciones son miserables, sus profesiones rígidas y desconectadas de la vida, ¿por qué no seguir mirándolas como un niño mira algo extraño, desde la profundidad de su propio mundo, desde la amplitud de su propia soledad, que en sí misma es trabajo, rango y profesión? ¿Por qué querer cambiar la sabia incomprensión de un niño por rechazo y desprecio, cuando la incomprensión es soledad, y el rechazo y desprecio son participación en aquello de lo que uno quiere separarse con estos medios?

Piense, querido señor, en el mundo que lleva dentro, y llame a este pensamiento como quiera. Puede ser un recuerdo de su propia infancia o un anhelo de su propio futuro. Solo esté atento a lo que surge dentro de usted y colóquelo por encima de todo lo que observa a su alrededor. Sus sentimientos más íntimos merecen todo su amor, debe trabajarlos de alguna manera y no perder demasiado tiempo ni demasiado valor en aclarar su posición frente a las personas. ¿Quién le dice que tiene una?

Sé que su profesión es difícil y está llena de contradicciones contra usted, y anticipé su queja sabiendo que llegaría. Ahora que ha llegado, no puedo tranquilizarle. Solo puedo aconsejarle que sobreviva. ¿No son acaso todas las profesiones así, llenas de exigencias, hostilidades contra el individuo, imbuidas como si fueran con el odio de aquellos que, de mala gana y de forma taciturna, se han conformado con el deber sobrio? La posición en la que ahora debe vivir no está más cargada de convenciones, prejuicios y errores que cualquier otra, y si hay algunas que parecen ofrecer mayor libertad, no hay ninguna que sea amplia y espaciosa y que se relacione con las grandes cosas que componen la vida real. Solo el individuo que está solo está sujeto a las profundas leyes, y si uno sale al amanecer o mira hacia el atardecer lleno de eventos y siente lo que está sucediendo, entonces toda posición social cae de él, como de un muerto, aunque esté en medio de la vida plena. Lo que usted, querido señor Kappus, ahora debe experimentar como oficial, lo habría sentido de manera similar en cualquier otra profesión y, incluso si hubiera buscado un contacto ligero e independiente con la sociedad fuera de cualquier posición, este sentimiento restrictivo no se habría evitado.

Es así en todas partes. Pero eso no es motivo para el miedo o la tristeza. Si no hay nada en común entre las personas y usted, trate de estar cerca de las cosas que no lo abandonarán. Todavía están las noches y los vientos que pasan por los árboles y sobre muchos países. Todavía, entre las cosas y los animales, todo está lleno de eventos en los que puede participar. Y los niños todavía son como usted era de niño, tan tristes y felices. Y si piensa en su infancia, entonces vive de nuevo entre ellos, entre los niños solitarios, y los adultos no son nada, y su dignidad no tiene valor.

Y si le da miedo y angustia pensar en la infancia y en lo simple y tranquilo que está asociado con ella, porque ya no puede creer en Dios, que aparece en todas partes allí, entonces pregúntese, querido señor Kappus, si realmente ha perdido a Dios. ¿No es más bien que nunca lo tuvo? Porque, ¿cuándo habría sido eso? ¿Cree que un niño puede retenerlo, que los hombres solo pueden llevarlo con dificultad y que su peso aplasta a los ancianos? ¿Cree que quien realmente lo tiene podría perderlo como una pequeña piedra, o no piensa también que quien lo tiene solo podría ser perdido por Él?

Si reconoce que Dios no estaba en su infancia, y tampoco antes, si sospecha que Cristo fue engañado por su anhelo y Mahoma engañado por su orgullo, y si siente con horror que ahora tampoco está, en esta hora en que hablamos de Él, ¿qué le da derecho a echar de menos a alguien que nunca existió como si estuviera perdido?

¿Por qué no piensa que Él es el que ha de venir, que desde la eternidad está destinado a venir, el futuro, el fruto final de un árbol cuyas hojas somos nosotros? ¿Qué le impide lanzar su nacimiento hacia los tiempos venideros y vivir su vida como un día doloroso y hermoso en la historia de un gran embarazo? ¿No ve que todo lo que sucede es siempre un comienzo, y podría ser el comienzo de Él, ya que todo comienzo en sí mismo es siempre tan hermoso? Si Él es el más perfecto, ¿no debe haber algo menos perfecto antes de Él, para que Él pueda elegir de la plenitud y el exceso? ¿No debe ser el último para abarcar todo, y qué sentido tendríamos nosotros si el que anhelamos ya hubiera sido?

Como las abejas recolectan miel, así recolectamos lo más dulce de todo y construimos a Él. Incluso con lo pequeño, con lo insignificante (siempre que se haga por amor) comenzamos, con el trabajo y luego con el descanso, con un silencio o con una pequeña alegría solitaria, con todo lo que hacemos solos, sin participantes ni seguidores, empezamos a construir a Él, a quien no experimentaremos, así como nuestros antepasados no pudieron experimentarnos. Y sin embargo, ellos, los que hace mucho tiempo se fueron, están en nosotros, como potencial, como carga sobre nuestro destino, como sangre que fluye, y como gesto que se levanta de las profundidades del tiempo.

¿Hay algo que le pueda quitar la esperanza de estar algún día en Él, en lo más distante, en lo más extremo? Celebre, querido señor Kappus, la Navidad en este sentimiento piadoso, de que quizás Él necesite precisamente esta ansiedad de la vida para comenzar; tal vez estos días de su transición sean precisamente el tiempo en el que todo en usted está trabajando en Él, como ya una vez, como niño, trabajó sin aliento en Él. Sea paciente y sin resentimientos y piense que lo menos que podemos hacer es no hacer más difícil su llegada, como la tierra lo hace con la primavera cuando quiere venir.

Y esté contento y consolado.

Suyo:
Rainer María Rilke

7

A Franz Xaver Kappus.
Roma, 14 de mayo de 1904.

Mi querido señor Kappus:

Ha pasado mucho tiempo desde que recibí su última carta. No me lo tome a mal; primero fue el trabajo, luego las interrupciones y finalmente la enfermedad, lo que me impidió responder, ya que quería que mi respuesta viniera en días tranquilos y buenos. Ahora me siento algo mejor (el comienzo de la primavera con sus transiciones caprichosas también se sintió mucho aquí) y me dispongo a saludarlo, querido señor Kappus, y a decirle esto y aquello sobre su carta, lo mejor que sé.

Como puede ver, he copiado su soneto porque me pareció bello y simple, nacido en la forma en la que se presenta con tan silenciosa dignidad. Es de los mejores versos que he tenido el privilegio de leer de usted. Y ahora le entrego esa copia porque sé que es importante y nos proporciona una nueva experiencia encontrar una obra propia en la escritura ajena. Lea los versos como si fueran de otro, y sentirá en lo más profundo cuánto le pertenecen.

Fue una alegría para mí leer este soneto y su carta muchas veces; le agradezco ambos. Y no debe dejarse perturbar en su soledad por algo dentro de usted que desea salir de ella. Precisamente este deseo, si lo usa con calma y reflexión, como una herramienta, le ayudará a expandir su soledad por vastas tierras. Las personas han resuelto todo fácilmente, con la ayuda de convenciones, y se inclinan hacia el lado más fácil de lo fácil; pero está claro que debemos apegarnos a lo difícil; todo lo vivo se apega a ello, todo en la naturaleza crece y se defiende a su manera y es algo propio desde sí mismo, intenta serlo a cualquier precio y contra toda resistencia. Sabemos poco, pero que debemos apegarnos a lo difícil es una certeza que no nos abandonará; es bueno estar solo, porque la soledad es difícil; que algo sea difícil debe ser una razón más para hacerlo.

También es bueno amar: porque el amor es difícil. Amar de ser humano a ser humano: eso es quizás lo más difícil que se nos ha encomendado, el máximo, la última prueba y examen, la obra para la cual todo otro trabajo es solo preparación.

Por eso los jóvenes, que son principiantes en todo, no *pueden* amar aún: deben aprenderlo. Con todo su ser, con todas sus fuerzas, reunidas alrededor de su corazón solitario, ansioso y que late hacia arriba, deben aprender a amar.

Sin embargo, el tiempo de aprendizaje siempre es un tiempo largo y aislado, y así, el amar es para mucho tiempo y muy dentro de la vida: soledad, una soledad aumentada y profundizada para el que ama. Amar no es inicialmente algo que significa fusionarse, entregarse y unirse con otro (pues, ¿qué sería una unión de dos cosas aún no aclaradas e incompletas, aún desordenadas?), es un motivo elevado para que el individuo madure, se convierta en algo dentro de sí mismo, se convierta en un mundo, en todo un mundo por el bien de otro, es una gran, impertinente demanda sobre él, algo que lo elige y lo llama a lo vasto. Solo en este sentido, como una tarea, de trabajar en sí mismo («escuchar y martillar día y noche»), deberían los jóvenes usar el amor que se les da. Fusionarse y entregarse y toda forma de comunión no es para ellos (que aún deben ahorrar y acumular mucho, mucho tiempo), es lo final, es tal vez para lo que la vida humana ahora apenas alcanza.

Pero en esto los jóvenes a menudo se equivocan tanto y tan gravemente: que ellos (en cuyo ser está la falta de paciencia) se lanzan uno al otro cuando el amor llega, se dispersan tal como son en toda su falta de organización, desorden, confusión...: ¿Qué puede resultar de eso? ¿Qué puede hacer la vida con este montón de cosas medio rotas, que llaman su comunión y que les gustaría llamar su felicidad, si fuera posible, y su futuro? Entonces, cada uno se pierde por el otro y pierde al otro y a muchos otros que aún podrían venir. Y pierden las vastedades y posibilidades, cambian la cercanía y el alejamiento de cosas suaves y presentidas por una impotencia estéril, de la que ya no puede salir nada; nada más que un poco de disgusto, decepción y pobreza y el refugio en una de las muchas convenciones, que como refugios públicos en este camino peligroso están en gran número. Ningún ámbito de la experiencia humana está tan lleno de convenciones como éste: cinturones de salvamento de las invenciones más diversas, botes y burbujas flotantes están ahí; la comprensión social ha sabido crear refugios de todo tipo, porque, ya que estaba inclinada a considerar la vida amorosa como un placer, también tuvo que diseñarla de manera fácil, barata, segura y sin riesgos, como los placeres públicos.

Aunque muchos jóvenes, que aman de manera incorrecta, es decir, simplemente entregándose y sin soledad (el promedio siempre se mantendrá ahí), sienten la presión de un error y también quieren hacer que el estado en el que han caído sea vital y fructífero a su manera personal, pues su naturaleza les dice que las cuestiones del amor, menos que todo lo demás importante, no pueden resolverse públicamente y según este o aquel acuerdo; que son cuestiones cercanas de ser humano a ser humano, que en cada caso necesitan una respuesta nueva, especial y *solo* personal. Pero, ¿cómo podrían ellos, que ya se han fusionado y no pueden delimitarse y distinguirse, que no poseen nada propio, encontrar una salida de sí mismos, desde la profundidad de la soledad ya sepultada?

Actúan desde una impotencia común, y si entonces, con la mejor intención, quieren evitar la convención que se les presenta (como el matrimonio, por ejemplo), caen en los brazos de una solución convencional menos ruidosa, pero igualmente mortal; porque entonces todo a su alrededor es convención. Ahí, donde se actúa desde una comunión temprana y turbia, cada acción es convencional: *cada* relación que conduce a tal confusión tiene su convención, aunque sea inusual (es decir, inmoral en el sentido común); sí, incluso la separación sería allí un paso convencional, una decisión fortuita e impersonal sin fuerza y sin miedo.

Quien mire seriamente encontrará que, así como para la muerte, que es difícil, tampoco hay esclarecimiento, solución, ni indicio ni camino reconocido para el amor difícil; y para estas dos tareas, que llevamos ocultas y transmitimos sin revelarlas, no se podrá investigar una regla común basada en un acuerdo. Pero en la medida en que comencemos a probar la vida como individuos, estas grandes cosas nos encontrarán, a nosotros, los individuos, más cerca. Las demandas que el arduo trabajo del amor impone a nuestro desarrollo son enormes, y no estamos a la altura como principiantes. Pero si perseveramos y asumimos este amor como una carga y un aprendizaje, en lugar de perdernos en todo el juego fácil y frívolo detrás del cual la gente se ha escondido del más serio de los serios de su existencia, tal vez se sienta un pequeño progreso y un alivio para aquellos que vienen mucho después de nosotros. Y eso ya sería mucho.

Apenas estamos comenzando a considerar la relación de un ser humano con otro sin prejuicios y objetivamente, y nuestros intentos de vivir tal relación no tienen ningún modelo anterior. Y sin embargo, en el cambio de los tiempos ya hay algo que quiere ayudar a nuestra tímida iniciación.

La niña y la mujer, en su nueva, propia continencia, serán solo temporalmente imitadoras de los malos hábitos y costumbres masculinas y repetidoras de los oficios masculinos. Después de la incertidumbre de tales transiciones, se verá que las mujeres han pasado por la abundancia y el cambio de esos (a menudo ridículos) disfraces solo para limpiar su esencia más propia de las influencias distorsionantes del otro sexo. Las mujeres, en las que la vida reside y mora más inmediatamente, fructíferamente y con confianza, deben haber llegado a ser, en esencia, seres humanos más maduros, más humanos que el hombre superficial, que no es llevado bajo la superficie de la vida por el peso de ningún fruto corporal, quien, vanidoso y apresurado, subestima lo que pretende amar. Esta humanidad de la mujer, llevada a cabo en dolores y humillaciones, se manifestará cuando haya desechado las convenciones de la mera feminidad en las transformaciones de su posición externa, y los hombres, que hoy aún no lo sienten venir, serán sorprendidos y golpeados por ello.

Un día (para lo cual ya hay signos seguros que hablan y brillan, especialmente en los países nórdicos), un día llegará la niña y la mujer cuyo nombre ya no significará solo lo opuesto a lo masculino, sino algo por sí mismo, algo que no sugiere complemento ni límite, sino solo vida y existencia: el ser humano femenino.

Este progreso transformará la experiencia amorosa, que ahora está llena de confusión (muy en contra de la voluntad de los hombres desfasados al principio), la cambiará desde la raíz, la remodelará en una relación donde se trata de ser humano a ser humano, no más de hombre a mujer. Y este amor más humano (que se realizará con infinita consideración y suavidad, y bien y claramente en unirse y desunirse) se parecerá al que estamos preparando laboriosa y arduamente, el amor que consiste en que dos soledades se protejan, se delimiten y se saluden mutuamente.

Y una cosa más: no crea que aquel gran amor, que se le impuso cuando era un niño, se perdió; ¿puede decir si entonces no maduraron en usted grandes y buenos deseos y resoluciones de las que hoy todavía vive? Creo que ese amor permanece tan fuerte y poderoso en su memoria porque fue su primera soledad profunda y el primer trabajo interno que realizó en su vida. ¡Mis mejores deseos para usted, querido señor Kappus!

Suyo:
Rainer María Rilke

Soneto

A través de mi vida tiembla sin queja,
sin suspiro un dolor profundo y oscuro.
La pura nieve florida de mis sueños
es la consagración de mis días más callados.

Más a menudo, sin embargo, cruza la gran pregunta
mi camino. Me vuelvo pequeño y paso
frío junto a un lago
cuya ola no me atrevo a medir.

Y entonces cae sobre mí una pena, tan triste
como el gris de las noches de verano sin brillo,
que una estrella parpadea de vez en cuando.

Mis manos tantean entonces en busca de amor,
porque quisiera orar con sonidos
que mi boca ardiente no puede encontrar...

(Franz Xaver Kappus)

8

A Franz Xaver Kappus.
Borgeby gård, Flädie, Suecia.
12 de agosto de 1904.

Mi querido señor Kappus:

Quiero hablar con usted nuevamente un rato, querido señor Kappus, aunque casi no tengo nada útil que decir, casi nada provechoso. Usted ha tenido muchas y grandes tristezas que pasaron. Y dice que incluso ese pasar fue difícil y desalentador para usted. Pero, por favor, considere si estas grandes tristezas no pasaron más bien a través de usted. ¿No se ha transformado mucho usted, no ha cambiado en algún lugar, en algún aspecto de su ser, mientras estaba triste? Solo son peligrosas y malas aquellas tristezas que se llevan a la gente para ahogarlas; como enfermedades que se tratan superficial y tontamente, solo retroceden y estallan después de una pequeña pausa con más fuerza; y se acumulan en el interior y son vida, son vida no vivida, despreciada, vida perdida, de la que uno puede morir. Si pudiéramos ver más allá de lo que nuestro conocimiento alcanza, y un poco más allá de los confines de nuestra intuición, tal vez soportaríamos nuestras tristezas con más confianza que nuestras alegrías. Porque son los momentos en que algo nuevo ha entrado en nosotros, algo desconocido; nuestros sentimientos se callan en tímida perplejidad, todo en nosotros retrocede, se crea un silencio, y lo nuevo, que nadie conoce, está en medio de ello y guarda silencio.

Creo que casi todas nuestras tristezas son momentos de tensión que sentimos como parálisis porque ya no escuchamos nuestros sentimientos desconcertados. Porque estamos solos con lo extraño que ha entrado en nosotros, porque todo lo familiar y habitual nos ha sido quitado por un momento; porque estamos en medio de una transición, donde no podemos quedarnos. Por eso la tristeza también pasa: lo nuevo en nosotros, lo añadido, ha entrado en nuestro corazón, ha llegado a su cámara más íntima y ya no está allí, ya está en la sangre. Y no sabemos qué fue. Podrían hacernos creer fácilmente que no ha pasado nada, y sin embargo nos hemos transformado, como se transforma una casa en la que ha entrado un huésped. No podemos decir quién ha venido, tal vez nunca lo sepamos, pero hay muchos indicios de que el futuro entra en nosotros de esta manera, para transformarse en nosotros, mucho antes de que suceda. Y por eso es tan importante estar solos y atentos cuando estamos tristes: porque el momento aparentemente sin eventos y rígido en el que nuestro futuro nos entra, está mucho más cerca de la vida que ese otro momento ruidoso y casual en el que nos sucede, como desde fuera. Cuanto más tranquilos, pacientes y abiertos estemos cuando estamos tristes, más profundo y sin vacilaciones entrará lo nuevo en nosotros, mejor lo adquiriremos, más será *nuestro* destino, y nos sentiremos en lo más íntimo emparentados y cercanos a él cuando suceda (es decir, salga de nosotros hacia los demás) en un día posterior. Y eso es necesario. Es necesario y así irá gradualmente nuestro desarrollo, que nada extraño nos ocurra, sino solo lo que nos pertenece desde hace mucho tiempo. Ya se han tenido que reconsiderar tantos conceptos de movimiento, también aprenderemos gradualmente que lo que llamamos destino sale de las personas, no entra en ellas desde fuera. Solo porque muchos no absorbieron sus destinos mientras vivían en ellos y los transformaron en sí mismos, no reconocieron lo que salió de ellos; les era tan extraño que, en su confuso terror, pensaban que tenía que haber entrado en ellos en ese momento, ya que juraban no haber encontrado nada similar en sí mismos antes. Como se ha engañado durante mucho tiempo sobre el movimiento del sol, todavía se engaña sobre el movimiento del futuro. El futuro está fijo, querido señor Kappus, pero nosotros nos movemos en el espacio infinito.

¿Cómo no íbamos a tener dificultades?

Y cuando volvemos a hablar de la soledad, se vuelve cada vez más claro que no es en el fondo algo que se pueda elegir o dejar. Nosotros *estamos* solos. Se puede engañar sobre eso y actuar como si no fuera así. Eso es todo. Cuánto mejor es darse cuenta de que lo somos, sí, incluso partir de ello. Entonces ciertamente sucederá que nos mareemos; porque todos los puntos en los que solíamos fijar nuestros ojos nos serán quitados, ya no hay nada cercano, y todo lo lejano es infinitamente lejano. Quien, casi sin preparación y transición, fuera colocado desde su habitación en la cima de una gran montaña, sentiría algo similar: una inseguridad sin igual, una exposición a lo innombrable que casi lo destruiría. Pensaría que va a caer o creería que va a ser lanzado al espacio o destrozado en mil pedazos: qué enorme mentira tendría que inventar su cerebro para alcanzar y explicar el estado de sus sentidos. Así, para quien se vuelve solitario, cambian todas las distancias, todas las medidas; muchos de estos cambios ocurren repentinamente, y como en ese hombre en la cima de la montaña, surgen entonces imaginaciones inusuales y extrañas sensaciones que parecen crecer más allá de todo lo soportable. Pero es necesario que también experimentemos *eso*. Debemos *aceptar* nuestra existencia tanto como sea posible; todo, incluso lo inaudito, debe ser posible en ella. Ese es en el fondo el único valor que se nos pide: ser valientes ante lo más extraño, maravilloso e inexplicable que nos pueda suceder. Que las personas en este sentido hayan sido cobardes ha causado un daño infinito a la vida; las experiencias que se llaman «apariciones», todo el llamado «mundo de los espíritus», la muerte, todas estas cosas tan emparentadas con nosotros, han sido tan empujadas fuera de la vida por la defensa diaria que los sentidos con los que podríamos captarlas se han atrofiado. De Dios ni hablar. Pero el miedo a lo inexplicable no solo ha hecho más pobre la existencia del individuo, también las relaciones de persona a persona se han visto limitadas por ello, como sacadas del cauce de infinitas posibilidades a una ribera estéril donde no pasa nada. Pues no es solo la pereza lo que hace que las relaciones humanas se repitan de un caso a otro de manera tan increíblemente monótona y sin renovación, es el temor a cualquier experiencia nueva, imprevisible, a la que uno no se siente a la altura.

Pero solo quien esté preparado para todo, quien no excluya nada, ni siquiera lo más enigmático, vivirá la relación con otro como algo vivo y explorará su propia existencia en su totalidad. Pues así como pensamos esta existencia del individuo como un espacio mayor o menor, se muestra que la mayoría solo conoce una esquina de su espacio, un lugar junto a la ventana, una franja por la que caminan de un lado a otro. Así tienen una cierta seguridad. Y, sin embargo, aquella inseguridad peligrosa es mucho más humana, la que impulsa a los prisioneros en las historias de Poe[16] a palpar las formas de sus terribles calabozos y a no ser ajenos al horror inenarrable de su estancia. Pero no somos prisioneros. No hay trampas y lazos tendidos a nuestro alrededor, y no hay nada que deba asustarnos o torturarnos. Hemos sido colocados en la vida como en el elemento que más corresponde a nosotros, y además, a través de la adaptación de miles de años, nos hemos vuelto tan parecidos a esta vida que, si permanecemos inmóviles, por una feliz mimetización apenas podemos distinguirnos de todo lo que nos rodea. No tenemos razón para desconfiar de nuestro mundo, porque no está en contra de nosotros. Si tiene terrores, son *nuestros* terrores; si tiene abismos, esos abismos nos pertenecen; si hay peligros, debemos intentar amarlos.

Y si solo organizamos nuestra vida según ese principio que nos aconseja aferrarnos siempre a lo difícil, lo que ahora aún nos parece lo más extraño se convertirá en lo más familiar y fiel. ¿Cómo podríamos olvidar aquellos viejos mitos que están al comienzo de todos los pueblos, los mitos de los dragones que se transforman en princesas en el último momento? Tal vez todos los dragones de nuestra vida son princesas que solo esperan vernos una vez hermosos y valientes. Tal vez todo lo terrible es en el fondo lo desamparado que quiere nuestra ayuda.

---

16 Edgar Allan Poe fue un escritor, poeta, editor y crítico literario estadounidense, conocido por sus cuentos de terror y misterio, así como por su poesía. Es considerado una de las figuras más importantes del Romanticismo estadounidense y es particularmente famoso por su habilidad para crear atmósferas inquietantes y explorar temas oscuros y macabros.

Por lo tanto, no debe asustarse, querido señor Kappus, si una tristeza se levanta ante usted, tan grande como nunca ha visto; si una inquietud, como luz y sombra de nubes, pasa sobre sus manos y sobre todo su hacer. Debe pensar que algo le está sucediendo, que la vida no lo ha olvidado, que lo sostiene en su mano; no lo dejará caer. ¿Por qué querría excluir cualquier melancolía de su vida, ya que no sabe qué están haciendo estos estados en usted? ¿Por qué quiere perseguirse con la pregunta de dónde viene todo esto y adónde va? Sabiendo que están en los cambios, y no desean nada más que transformarse.

Si algo de lo que le ocurre es enfermizo, considere que la enfermedad es el medio por el cual un organismo se libera de lo extraño; uno solo debe ayudarlo a estar enfermo, tener toda su enfermedad y estallar, porque ese es su progreso. En usted, querido señor Kappus, está ocurriendo mucho ahora; debe ser paciente como un enfermo y confiado como un convaleciente; porque tal vez es ambas cosas. Y más: también es el médico que debe vigilarse a sí mismo. Pero en cada enfermedad hay muchos días en los que el médico no puede hacer nada más que esperar. Y eso es lo que usted, en la medida en que es su propio médico, debe hacer ahora sobre todo.

No se observe demasiado. No saque conclusiones apresuradas de lo que le está sucediendo; deje que simplemente le suceda. De lo contrario, se verá fácilmente llevado a mirar su pasado con reproches (es decir, moralmente), que por supuesto está involucrado en todo lo que le sucede ahora. Pero lo que de los errores, deseos y anhelos de su niñez actúa en usted no es lo que recuerda y condena. Las circunstancias extraordinarias de una infancia solitaria e indefensa son tan difíciles, tan complicadas, tan expuestas a muchas influencias y, al mismo tiempo, tan aisladas de todas las conexiones reales de la vida, que, cuando un vicio entra en ellas, no se puede llamar simplemente vicio. En general, hay que ser tan cuidadoso con los nombres; tan a menudo es el nombre de un crimen lo que quiebra una vida, no la acción innombrable y personal misma, que tal vez era una necesidad muy específica de esa vida y podría ser absorbida sin esfuerzo. Y el gasto de energía le parece tan grande solo porque sobreestima la victoria; no es ella la «gran cosa» que siente haber logrado, aunque tiene razón con su sentimiento; lo grande es que ya había algo, algo verdadero y real, que usted podía poner en lugar de ese engaño. Sin esto, su victoria también habría sido solo una reacción moral, sin gran significado, pero así se ha convertido en un capítulo de su vida. De su vida, querido señor Kappus, en la que pienso con tantos deseos. ¿Recuerda cómo esta vida, desde la infancia, anhelaba lo «grande»? Veo cómo ahora anhela lo más grande desde lo grande. Por eso no deja de ser difícil, pero tampoco dejará de crecer.

Y si debo decirle una cosa más, es *esta*: no crea que quien trata de consolarlo vive sin esfuerzo bajo las palabras simples y tranquilas que a veces le hacen bien. Su vida tiene muchas dificultades y tristezas y queda muy atrás de la suya. Pero si fuera de otra manera, nunca podría haber encontrado esas palabras.

Suyo:
Rainer María Rilke

9

A Franz Xaver Kappus.
Furuborg, Jonsered, en Suecia.
4 de noviembre de 1904.

Mi querido señor Kappus:

En este tiempo, que ha pasado sin que usted recibiera mis cartas, he estado unas veces de viaje, y otras tan ocupado que no pude escribir. Y hoy también me cuesta escribir, porque ya he tenido que escribir muchas cartas, así que mi mano está cansada. Si pudiera dictar, le diría muchas cosas, pero así, solo recibirá unas pocas palabras en respuesta a su larga carta.

Pienso, querido señor Kappus, a menudo y con deseos tan concentrados en usted, que eso en realidad debería ayudarle de alguna manera. Si mis cartas realmente pueden ser de ayuda, a menudo lo dudo. No diga: «Sí, lo son». Acéptelas tranquilamente y sin mucho agradecimiento, y esperemos a ver qué viene.

Quizás no sirve de nada que ahora aborde sus palabras individuales; porque lo que podría decir sobre su inclinación a la duda o sobre su incapacidad para armonizar la vida exterior e interior, o sobre todo lo que le agobia, es lo que ya he dicho: siempre el deseo de que encuentre suficiente paciencia en sí mismo para soportar, y suficiente simplicidad para creer; que gane cada vez más confianza en lo que es difícil y en su soledad entre los demás. Y por lo demás, deje que la vida obre a su antojo. Créame: la vida tiene razón, en cualquier caso.

Y sobre los sentimientos: son puros todos los sentimientos que le abarquen totalmente y le eleven. Impuro es el sentimiento que solo capta *una* parte de su ser y así le distorsiona. Todo lo que pueda pensar de su infancia es bueno. Todo lo que le haga *más* de lo que ha sido en sus mejores horas es correcto. Cualquier incremento es bueno, si está en *toda* su sangre, si no es embriaguez, no es turbio, sino alegría que se puede ver en el fondo. ¿Entiende lo que quiero decir? Y su duda puede convertirse en una buena cualidad si la *educa*. Debe volverse *consciente*, debe convertirse en crítica.

Pregúntese, cada vez que le *estropee* algo, por qué algo es feo, exíjale pruebas, examínela, y tal vez la encuentre perpleja y avergonzada, tal vez incluso rebelde. Pero no ceda, exija argumentos y actúe así, atento y consecuente, cada vez, y llegará el día en que se convertirá, de un destructor, en uno de sus mejores trabajadores, quizás el más inteligente de todos los que construyen su vida.

Eso es todo, querido señor Kappus, lo que hoy puedo decirle. Pero le envío al mismo tiempo la separata de un pequeño poema que ha aparecido ahora en la *Deutsche Arbeit* de Praga[17]. Allí le hablo más del vivir y del morir y de que ambos son grandiosos y maravillosos.

Suyo:
Rainer María Rilke

17 La *Deutsche Arbeit* fue una revista publicada en Praga durante las décadas de 1920 y 1930, enfocada en la cultura, política y economía desde una perspectiva alemana. Esta publicación reflejaba las preocupaciones y los intereses de la comunidad alemana en la región, abarcando temas como el trabajo, la política nacional y el arte.

10

A Franz Xaver Kappus.
París, el segundo día de Navidad de 1908.

Debe saber, querido señor Kappus, lo feliz que fui al recibir esta hermosa carta suya. Las noticias que me da, reales y francas, tal como lo son nuevamente, me parecen buenas, y cuanto más las pensaba, más las sentía como realmente buenas. Esto quería escribirle en Nochebuena; pero debido al trabajo, en el que vivo envuelto y sin interrupción este invierno, la vieja fiesta llegó tan rápido que apenas tuve tiempo para hacer los preparativos necesarios, mucho menos para escribir. Pero he pensado en usted a menudo durante estas festividades y me he imaginado cuán tranquilo debe estar en su solitario fuerte entre las montañas vacías, sobre las que se precipitan esos grandes vientos del sur, como si quisieran engullirlas a grandes trozos.

El silencio debe ser inmenso, donde tales ruidos y movimientos tienen lugar, y si se piensa que además se suma la presencia del mar más lejano que resuena, tal vez como el tono más profundo en esta armonía prehistórica, solo se le puede desear que deje que esa magnífica soledad influya en usted, que ya no se borrará más de su vida; que en todo lo que le queda por vivir y hacer, actuará como una influencia anónima continua y sutilmente decisiva, como la sangre de nuestros antepasados que se mueve incesantemente y se mezcla con la nuestra para formar lo único, irrepetible, que somos en cada giro de nuestra vida.

Sí: me alegra que tenga esa existencia firme y palpable, ese título, ese uniforme, ese servicio, todo eso tangible y limitado, que en tales entornos, con una pequeña y aislada tropa, asume seriedad y necesidad, y más allá del carácter lúdico y pasajero de la profesión militar, representa un uso vigilante y educa a una atención independiente. Y que estemos en situaciones que influyan en nosotros, que nos enfrenten a grandes cosas naturales de vez en cuando, eso es todo lo que importa.

También el arte es solo una forma de vivir, y uno puede, de alguna manera, sin saberlo, prepararse para él. En cada realidad estamos más cerca de él y más próximos que en las profesiones semiartísticas irreales que, al pretender una cercanía con el arte, niegan y atacan prácticamente la existencia de todo arte, como lo hace todo el periodismo y casi toda la crítica y las tres cuartas partes de lo que se llama y quiere llamarse literatura.

Me alegra, en resumen, que haya superado el peligro de caer en eso y esté solo y valiente en alguna realidad áspera. Que el año que viene le mantenga y fortalezca en ello.

Siempre suyo:
Rainer María Rilke

Made in United States
North Haven, CT
10 November 2026

22084218R00049